Ho una mamma fantastica

My Mom is Awesome

Shelley Admont

Immagini a cura di Amy Foster

www.sachildrensbooks.com

Copyright©2014 by Inna Nusinsky Shmuilov

innans@gmail.com

All rights reserved. No part of this book may be reproduced in any form or by any electronic or mechanical means, including information storage and retrieval systems, without written permission from the publisher or author, except in the case of a reviewer, who may quote brief passages embodied in critical articles or in a review.

Tutti i diritti sono riservati. Nessuna parte di questa pubblicazione può essere riprodotta, memorizzata in sistemi di recupero o trasmessa in qualsiasi forma o attraverso qualsiasi mezzo elettronico, meccanico, mediante fotocopiatura, registrazione o altro, senza l'autorizzazione del possessore del copyright.

First edition, 2016

Translated from English by Adinolfi Sara

Traduzione dall'inglese a cura di Adinolfi Sara

My mom is awesome (Italian English Bilingual Edition)/ Shelley Admont

ISBN: 978-1-77268-738-5 paperback

ISBN: 978-1-77268-739-2 hardcover

ISBN: 978-1-77268-737-8 eBook

Please note that the Italian and English versions of the story have been written to be as close as possible. However, in some cases they differ in order to accommodate nuances and fluidity of each language.

Although the author and the publisher have made every effort to ensure the accuracy and completeness of information contained in this book, we assume no responsibility for errors, inaccuracies, omission, inconsistency, or consequences from such information.

Per quelli che amo di più–S.A.
For those I love the most–S.A.

Ciao, sono io, Liz.
Hi, it's me, Liz.

Lo sapevate che ho una mamma fantastica?
Did you know my Mom is awesome?

Beh, lo è! È intelligente e divertente, forte e paziente, gentile e bellissima – è straordinaria.
Well, she is! She is smart and funny, strong and patient, kind and beautiful – she's amazing!

"Buongiorno, raggio di sole! È ora di alzarsi!" Sento un dolce sussurro all'orecchio.

"Good morning, sunshine! It's time to rise!" I hear a soft whisper in my ear.

È la mia mamma che mi sveglia.

That's my mom, waking me up.

Mi da mille baci pieni di tenerezza e mi stringe forte, ma ancora non riesco ad aprire gli occhi assonnati.

She gives me a million gentle kisses and hugs me tight, but I still cannot open my sleepy eyes.

"Mamma voglio dormire" mormoro a bassa voce. "Ancora un minuto, ti prego".

"Mommy, I want to sleep," I mutter quietly. "Just for one more minute, please."

Continua a darmi altri baci, ma non aiuta.

She kisses me more and more, but it doesn't help.

Così mi porta a cavalluccio fino al bagno. E' forte, la mia mamma.

So she gives me a piggyback ride to the bathroom. She is so strong, my mom.

Mi da altri baci e mi fa il solletico finché non scoppio a ridere.

She keeps kissing and tickling me until I start laughing hard.

Mamma sorride. È davvero bella. Mi piacciono i suoi abiti, le sue scarpe e come si sistema i capelli.
Mom smiles. She is really beautiful. I like her dresses, her shoes, and how she does her hair.

"Puoi farmi qualcosa di diverso oggi?" Le chiedo, con una scintilla di speranza negli occhi. "La treccia che abbiamo visto ieri in TV, puoi farmi qualcosa così?"
"Can you make me something fancy today?" I ask, a glimmer of hope in my eyes. "The braid we saw yesterday on the TV show, can you do something like that?"

So che riesce a fare tutto. Lei è fantastica.
I know that she can do anything. My mom is awesome.

Anche se in un primo momento non sa come fare una cosa, continua a provarci fin quando ci riesce. Non si arrende mai.
Even if she doesn't know how to do something at first, she continues to try until she succeeds. She never gives up.

La mamma mi arriccia e mi intreccia i capelli fino ad ottenere una bellissima treccia.

My Mom twirls and weaves my hair until it's a beautiful braid running behind my head.

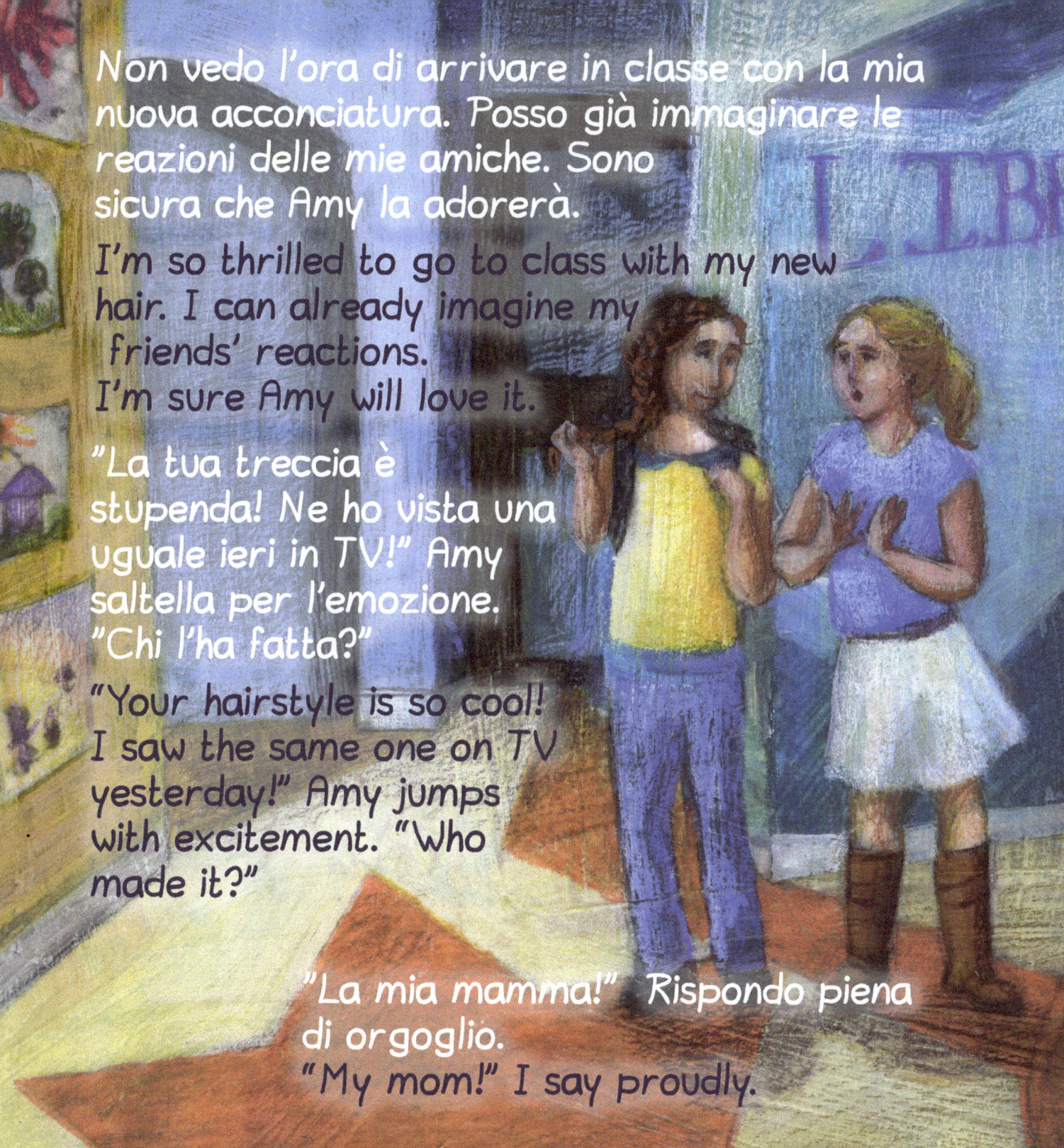

Non vedo l'ora di arrivare in classe con la mia nuova acconciatura. Posso già immaginare le reazioni delle mie amiche. Sono sicura che Amy la adorerà.

I'm so thrilled to go to class with my new hair. I can already imagine my friends' reactions. I'm sure Amy will love it.

"La tua treccia è stupenda! Ne ho vista una uguale ieri in TV!" Amy saltella per l'emozione. "Chi l'ha fatta?"

"Your hairstyle is so cool! I saw the same one on TV yesterday!" Amy jumps with excitement. "Who made it?"

"La mia mamma!" Rispondo piena di orgoglio.
"My mom!" I say proudly.

Appena Amy inizia ad osservare la mia treccia da vicino, le altre ragazze si uniscono a lei.

As Amy starts exploring my hairstyle closely, more and more girls join her.

"È una treccia a spina di pesce!" esclama Amy, dopo un paio di minuti. "Con una curvatura alla fine!"

"It's a reversed braid!" Amy announces, after a couple of minutes. "With a twist!"

Sento le altre dire "È bellissima!", "Sembra difficile da fare!", "Ci sarà voluto un sacco di tempo!"

I hear other voices. "It's so cool!" "It looks complicated!" "It probably took a lot of time!"

Infine Amy chiede "Puoi chiedere a tua mamma di insegnare alla mia a fare questa treccia?"

Finally Amy asks, "Can you ask your mom to teach my mom to make this braid?"

"Certo! Lei..." Inizio a dire, ma la campanella mi interrompe e Mr. Z. entra in classe.

"Sure! She..." I start to say, but the bell interrupts me and Mr. Z enters the class.

Di solito mi piace l'ora di matematica ma oggi è veramente terribile.

Usually I love math, but today it's just terrible.

"Oggi parleremo delle frazioni" annuncia Mr. Z, mentre riempie la lavagna di strani disegni.
"We are going to learn about fractions," says Mr. Z, while filling the board with strange drawings.

Perché è così complicato? Mezzi, terzi e quarti...la mia testa sta per esplodere.
Why is it so complicated? Halves, thirds and fourths ... my head is going to explode.

Però non mi arrendo, faccio domande proprio come farebbe la mia mamma.
I don't give up though; I ask questions, exactly like my mom would do.

Mr. Z spiega ancora una volta e dopo ci mostra un video molto divertente sulle frazioni.
Mr. Z explains one more time and after, he shows us a fun video about fractions.

"Poi faremo un gioco" annuncia. La classe si esalta. "Troveremo le frazioni nella nostra aula".
"Next, we'll play a game," he announces. "We'll find fractions in our classroom."

Ma la parte della lezione che preferisco è quando Mr. Z ci distribuisce delle gelatine colorate che dividiamo a seconda del colore.

But my favorite part of this class is when Mr. Z gives us small colorful jellybeans. We divide them by color.

Penso di aver capito meglio le frazioni ora, ma non mi sento ancora sicura con tutti quei numeri strani.
I think I understand fractions much better now, but I still don't feel comfortable with all these strange numbers.

Durante la ricreazione io e Amy corriamo verso il nostro gioco preferito, la rete per arrampicarsi. Mi piace arrampicarmi e appendermi a testa in giù.
At recess Amy and I run to our favorite place to play. The monkey bars! I love to climb up and hang upside-down.

Ma oggi, mentre mi avvicinavo alla rete, i miei jeans si sono incastrati in un cespuglio e si sono strappati all'altezza del ginocchio.
But today on my way to the monkey bars, somehow my jeans get caught in a bush and tear right on my knee.

Sono quasi scoppiata in lacrime. "Questi sono i miei jeans preferiti. Guarda che strappo enorme!"
I almost burst into tears. "These are my favorite pair of jeans. Look, the tear is huge."

Finalmente sono a casa e anche mamma rientra dal lavoro. Lei capisce sempre se c'è qualcosa che non va.
Finally I'm home and Mom's back from work.
She always understands what I feel.

"Com'è andata la giornata, tesoro?" mi chiede con voce piena di premura. Mi avvolge in un abbraccio e continua a farmi domande finché le racconto tutto.
"How was your day, sweetie?" her voice full of care. She wraps me in her arms and continues asking questions until I share everything with her.

Le dico tutto sulle frazioni, lo strappo nei jeans e di quanto mi senta giù.
I spill to her all about fractions, the tear in my jeans and how frustrated I feel.

Mamma trova sempre una soluzione ai problemi.
Mom always finds a solution to any problem.

"Di che forma vuoi la toppa per coprire lo strappo? Cuore o stella?" Naturalmente scelgo un grande cuore rosa.
"What shape do you want to cover your tear? Heart or star?" Of course I choose a large pink heart.

Così mi cuce una toppa a forma di cuore sullo strappo dei jeans, in modo che nessuno si accorga che sotto c'è un buco. Che magnifica idea!
She sews a heart-shaped patch over the hole on my torn jeans, so no one will notice the hole underneath. How cool is that?

"Oh, grazie mammina" esclamo contenta. "Questi jeans sono così particolari ora. Mettiamo un'altra toppa qui!"
"Oh, thank you, Mommy," I exclaim happily. "These jeans look so fancy now. Let's put another patch here!"

Ci mettiamo al lavoro insieme e creiamo il mio nuovo e originale look.
We work together and design my new cool outfit.

Cuciamo due cuori più piccoli sui jeans e uno più grande sulla maglietta.
We sew two smaller heart patches on my jeans and one larger heart on my T-shirt.

"Guarda, ora hai dei jeans nuovi e una maglietta coordinata" dice.
"Look, now you have new jeans and a matching T-shirt," she says.

"Mamma, sei la mia eroina!" Le annuncio, abbracciandola forte. Iniziamo a ridere forte.
"Mom, you're my hero!" I announce, hugging her tight. We both start laughing loudly.

Poi mi spinge verso la cucina. "È il momento del dolce. Prepariamo dei cupcake! Però dovremmo usare le frazioni per farli buoni."
Then she pulls me into the kitchen. "It's a time for something sweet. Let's make cupcakes. But we need to use fractions in order for this to work."

"Non preoccuparti" mi rassicura mamma. "Ti aiuterò io".
"Don't be afraid," Mom says softly. "We'll make it together."

Faccio un respiro profondo e apro il libro di cucina di mamma.
I take a deep breath and open Mom's big cooking book.

"Per cinque cupcake c'è bisogno di un quarto di tazza di farina" leggo.
"For five cupcakes you'll need a quarter cup of flour," I read.

"Noi ne faremo quindici, anche per papà" aggiunge mamma "quindi avremo bisogno di..."
"We'll make fifteen cupcakes, for Daddy also," Mom says, "so we need..."

"Tre quarti di tazza di farina!" Esclamo soddisfatta. "È facile."
"Three quarter cups of flour!" I exclaim happily. "It's easy!"

Giunta la sera, mamma mi mette a letto, mi rimbocca la coperta con le farfalle e mi dice "Ti voglio bene, patatina mia".
When the evening comes, Mom tucks me in my bed, covers me with my butterfly blanket and says, "I love you, pumpkin."

"Ti voglio bene, mammina" mormoro sbadigliando con gli occhi chiusi. Mentre ripenso alla meravigliosa giornata trascorsa, mi addormento.
"I love you, Mommy," I whisper with a big yawn fluttering my eyes shut. As I think about the wonderful day we had, I fall asleep.

Al mattino mi sveglio col calore dei baci sul viso e il suono gentile di una voce: "Buongiorno, tesoro. È ora di alzarsi e splendere".

I wake up in the morning, because I feel warm kisses on my face and hear a gentle voice: "Good morning, sweetie. It's time to rise and shine."

I miei occhi sono ancora chiusi ma sento che è vicina a me. Mi accarezza i capelli ed è meraviglioso.

My eyes are still closed but I feel her near me. She strokes my hair and it feels wonderful.

Voglio bene alla mia mamma. È fantastica. Quando crescerò voglio essere proprio come lei!
I love my mom. She's awesome. When I grow up, I want to be exactly like her!

E sapete una cosa? Anche la vostra mamma è fantastica. Ricordatevi di abbracciarla e di dirle sempre quanto sia straordinaria!
And guess what? Your mom is awesome too. Make sure to give her a hug to let her know how amazing she is!

www.ingramcontent.com/pod-product-compliance
Lightning Source LLC
Chambersburg PA
CBHW051303110526
44589CB00025B/2929